A CHACUN

SELON SA CAPACITÉ,

A CHAQUE CAPACITÉ

SELON SES OEUVRES.

A CHACUN

SELON SA CAPACITÉ,

A CHAQUE CAPACITÉ

SELON SES ŒUVRES,

ou

LE FAUX-DOCTRINAIRE ET LE LIBÉRAL,

PAR MICHEL PALMIERI DE MICCICHÉ.

PARIS,

CHEZ DENTU, AU PALAIS-ROYAL,

ET CHEZ L'AUTEUR, RUE LEPELLETIER, N° 11.

1831

IMPRIMERIE DE GŒTSCHY FILS, ET COMP^e, RUE LOUIS-LE-GRAND, N° 35.

AVANT-PROPOS.

On n'écrit les préfaces que pour le livre qu'on a fait; c'est ici le contraire : je commence par la préface; c'est elle qui me fait prendre la plume; le livre n'est que l'accessoire; il naîtra après s'il pourra, et comme il pourra. — Les paroles, dit le proverbe italien, se tiennent les unes aux autres comme les cerises; on peut en dire autant du livre et de la préface. Avez-vous écrit celle-ci? vous ne pouvez pas vous empêcher de faire le premier; ou, pour mieux dire, l'une n'existe pas sans l'autre.

Il s'agit d'une affaire d'honneur, comme dirait M. de Chateaubriand. Je tiens ici à me justifier de reproches sérieux qu'on m'adresse à propos de ma dernière brochure *Le Duc d'Orléans et les Emigrés Français en Sicile, ou les Italiens justifiés.*

« Vous avez publié » m'écrivait naguère une personne que j'estime et que j'aime, « vous avez publié des choses contre la » Reine, qui manquent de vérité; contre la Reine, qui est la » bonté même! Vous qui aviez un si bon cœur! c'est mal fait. » Il n'y a dans le monde qu'une voix contre vous. Ceux qui ne » vous connaissent pas disent que vous êtes méchant, et parlent » fort mal du contenu de votre brochure, etc., etc. » Contre la Reine!.... Je n'en reviens pas !.... J'ai eu beau relire et toujours relire le contenu de cette brochure, œuvre infernale, je n'ai su y découvrir la moindre trace d'un tel oubli des convenances de ma part. Que dis-je! A moins d'avoir fait divorce avec la raison, la chose était complètement impossible : le sexe, le rang, mes principes, mon éducation, tout enfin rend cette partie de l'accusation peu probable et dépourvue de justesse. — Quant à celle d'avoir imprimé des faits qui manquent de vérité, comme elle m'est adressée par plusieurs personnes à la fois, tâchons de découvrir la source d'où elle provient ; exposons les faits tels qu'ils se sont passés, avec clarté et bonne foi ; et que mes lecteurs jugent de quel côté sont les torts ; qui a voulu tromper le public, moi ou les écrivains du ministère.

Ce n'est pas certes à propos des démentis que *le Moniteur* du 23 juin adressait au *Constitutionnel*, à propos de ma brochure, que cette partie de l'accusation m'est adressée : on doit se souvenir de la manière dont nous avons pulvérisé les démentis du *Moniteur*. Nous avons fait paraître dans les journaux la signature de quatre personnes respectables, qui affirmaient sur l'honneur avoir vu de leurs yeux l'apostille de M. de Latour-Maubourg à la lettre du comité de Bologne, et M. le Président Vicini a confirmé personnellement ce fait à un honorable Député. M. Sébastiani est revenu là-dessus, nous le savons bien ; il a répété que cette apostille n'avait jamais eu lieu. Que le public décide encore ici ; nous ne voulons pas être juge et partie dans la même cause.

Ce n'est donc pas, disions-nous, à cause des démentis du *Moniteur* que cette dernière accusation nous est adressée, elle ne peut provenir que des accusations que le *Nouveau journal de Paris* ou la *France Nouvelle* portait contre nous à propos de cette brochure.—J'avais dit, en parlant de ce que la Sicile avait autrefois accordé à Monseigneur le Duc d'Orléans (le Roi régnant des Français) : « En attendant, la rente est toujours payée ; la » Sicile est plus esclave que jamais ; et, quant à l'Italie, on » l'égorge. »

Le jour même de la publication de cette brochure, j'écrivis à plusieurs journaux la lettre qu'on va lire, et qui parut, j'en suis certain, dans le *Globe* du 23 juin.

« Monsieur le rédacteur,

» J'ai dit, dans le second volume de mon premier ouvrage
» (*les Pensées et Souvenirs*, page 196, note 2), en parlant de la
» dotation accordée par la Sicile à S. A. R. Madame la Duchesse
» d'Orléans : *Je ne sais pas positivement si le Roi des Français touche*
» *encore l'argent de son douaire, bien que j'aie des raisons de croire*
» *que oui, etc., etc.* J'avais mis en bas de la page 16 de ma
» brochure, et précisément à la ligne 15, une note à-peu-près
» pareille à celle-là, où je disais que je n'avais que des preuves
» morales et point légales de ce fait; mais le manuscrit de cet
» opuscule ayant voyagé d'imprimeur en imprimeur, et la note
» étant écrite sur un morceau de papier détaché, elle s'est
» égarée; et, ce qu'il y a de plus extraordinaire, ce n'est qu'au-
» jourd'hui que je m'aperçois de ce malheur. Je ne fais cette
» remarque que pour tranquilliser ma conscience. Que cet
» argent soit toujours payé ou non, un fait demeure certain,
» c'est que de grands services ont été rendus au Duc d'Orléans
» et aux émigrés français par l'Italie, et les conséquences que
» je tire de ce fait demeurent les mêmes. »

Comme si cette lettre n'eût jamais été publiée, il parut dans
la *France Nouvelle* du 2 juillet un article aigre-doux, où l'auteur
ignorant, ou feignant d'ignorer le contenu de cette lettre, se disait autorisé à déclarer faux, avec plusieurs autres, le fait que
je viens de souligner. Voici la partie essentielle de la réponse
que je fis parvenir à ce même journal, le lendemain de
l'apparition de son article; elle suffira pour mettre mes lecteurs en état de prononcer.

« Monsieur,

. . . .

. . . .

» J'ai dit, à la page 12, que Monseigneur le Duc d'Orléans
» s'embarqua, avec son auguste famille, sur un bâtiment

» anglais, un jour ou deux avant l'émeute combinée par la
» reine Marie-Caroline (1), et qu'il ne reparut à Palerme
» que lorsque tout était fini. Vous ajoutez : *Il est faux, nous*
» *sommes autorisés à le déclarer, que ce* voyage *ait eu lieu, etc., etc.*
» Mais de grâce, Monsieur, qui a jamais parlé de voyage ? Dans
» quel endroit de cette page se trouve le mot *voyage ?* Le prince
» et le bâtiment peuvent très-bien être restés dans la rade et
» même dans le môle de Palerme, sans que je m'y oppose. *On*
» *pourrait, sur ce fait, dites-vous, invoquer le témoignage de lord*
» *W. Bentinck.* » Je ne récuse pas celui de lady W. Bentinck ; je
» serais enchanté de pouvoir avoir celui de son mari ; mais je suis
» presque sûr qu'il n'était point à Palerme à l'époque dont il s'agit.
»   Il est maintenant trop loin, et je ne pense pas qu'il faille
» courir jusqu'aux Indes pour savoir comment la chose s'est
» passée. Au reste, Monsieur, au coloris près, cette anecdote
» est identiquement la même que celle dont j'ai parlé au
» chapitre XXVIe du 1er volume des *Pensées et Souvenirs.* Ce
» livre est imprimé depuis 9 mois ; et, tout mauvais qu'il est,
» selon vous (malgré le bien que vous en avez dit dans le tems),
» il se trouve entre les mains de *beaucoup de monde :* ajoutez à
» cela, Monsieur, que je vois fort souvent des personnes qui
» sont en grande relation avec de *hauts personnages ;* comment
» aucune de ces personnes ne m'a-t-elle jamais fait la moindre
» observation sur ce fait ? Comment ce qui a été vrai pendant
» neuf mois peut-il devenir faux tout-à-coup ?

» Passons au second de ces faits, que vous êtes aussi autorisé
» à déclarer faux. C'est de la dot accordée par la Sicile à S. A. R.
» Madame la Duchesse d'Orléans qu'il s'agit. Si vous lisiez les
» journaux, Monsieur, vous vous seriez épargné la peine de
» m'adresser cet autre désaveu ministériel » (ici était insérée la

____

(1) Il s'agissait dans cette émeute, en cas de succès, de la destruction
du parti libéral dévoué à monseigneur le duc d'Orléans, parti qui avait
fait obtenir à celui-ci de forts appointemens, qui s'élevaient, je crois, à
24 mille onces par année (300 mille francs).

lettre du *Globe* déjà citée, et je continuai ainsi) : « Vous ne l'avez
» pas reçue, Monsieur, cette lettre, car je n'ai pas eu l'honneur
» de vous envoyer ma brochure, et je ne m'attendais nullement
» à celui que vous me faites de vous en occuper. Vous ajoutez
» encore plus bas , Monsieur : *Quant à cette dot, Madame la Du-*
» *chesse d'Orléans ne reçut que 400 mille ducats. Cette somme fut*
» *payée par le roi de Naples en 1819; elle fut employée, etc., etc.* Je
» voudrais bien croire à ce que vous dites , Monsieur, mais voici
» ce que je trouve à la page 101 et 102 de l'unique exemplaire
» peut-être qui existe à Paris, intitulé : *Collezione de' Bills e*
» *Decreti del Parlamento di Sicilia, terza indizione* 1814 *et* 1815 ,
» § 6. — *A S. A. R. la principessa Donna Maria-Amalia Duchessa*
» *d'Orléans onze* 16 *mila per quasto anno* 1815. *giù soddisfatte.*—Cela
» ferait croire qu'on lui en avait payé autant dans les années
» précédentes , et cela prouve, Monsieur, que ceux qui
» vous autorisent à adresser de tels démentis, à donner pour
» vrai ce qui est évidemment faux, ont, pour le moins, mau-
» vaise mémoire.

» Agréez, etc. »

Le *Journal de Paris* ne crut pas à propos d'insérer cette réponse
dans ses colonnes. Je ne m'explique pas sur sa conduite. Un
journal qui prend le titre d'une ville et d'un pays *très-chrétiens* et
des plus civilisés de l'Europe, doit savoir, mieux que personne,
quelles sont les voies de la bonne morale et de l'urbanité. Quant à
moi pourtant, je m'empresse de prévenir mes lecteurs que, dans
le cas où je deviendrais jamais rédacteur en chef d'un journal,
je me ferais un devoir et un scrupule de redresser les torts
et de faire connaître la vérité, supposé que je l'eusse inno-
cemment blessée , ou que j'eusse nui à quelqu'un sans
le vouloir. J'aurais pu, je le sais, obliger le *Journal de Paris*
à insérer ma réponse ; mais je n'aime pas les huissiers (j'ai mes
raisons pour cela), et la seule idée d'un procès me fait tomber
en syncope.

Que l'on dise maintenant de quel côté sont les torts.—Est-ce
moi qui ai voulu induire le public en erreur?—Non , je n'ai pas

encore à me reprocher d'avoir rien écrit qui ne fût parfaitement conforme à la vérité. Me suis-je, quelquefois, involontairement trompé de date ? Ai-je émis une simple expression erronée ? Je me suis empressé, dans une nouvelle production, de corriger ces inadvertances : mais je croyais ne devoir faire cette déclaration que pour les personnes qui ne me connaissent pas : il m'en coûte de donner ces éclaircissemens à celles dont je suis connu depuis longtems.

Eh ! mon dieu ! je ne demandais rien de mieux que d'être le louangeur enthousiaste du nouveau gouvernement français. Que ceux qui m'ont vu à la première revue de la garde nationale, après les journées de juillet, au Champ-de-Mars, disent en quel état j'étais ce jour-là. Ces cris de *vive le roi !* ces schakos en l'air au bout des fusils, ma conviction personnelle, mes propres sentimens envers le nouveau chef que les Français s'étaient choisi, me faisaient délirer ; je trépignais, je pleurais, je criais *vive le roi !* plus fort que tous : quelques-uns de mes amis, qui étaient à côté de moi, parlaient même de m'administrer de l'ellébore : ils n'avaient pas tort, ma foi. — Dans le commencement de ces évènemens, qui devaient tout changer en mieux, et qui ont tout changé en pis, je faisais partie d'une société, naturellement toute composée de libéraux, entre lesquels se trouvaient quelques républicains, que j'appelais enragés à cette époque. J'étais, contre ces derniers, le défenseur obligé, et un peu enragé aussi, du nouvel ordre de choses. J'y voyais le bonheur à venir, la perfectibilité possible, l'aurore naissante de la liberté des peuples, la réunion et l'affranchissement de toute ma pauvre patrie ! — Rêves décevans ! songes cruels ! qui m'ont abreuvé d'amertume !.... Est-ce donc à la mode, au caprice, à la légèreté de mon caractère ; ou bien aux fautes de ce gouvernement, qu'il faut attribuer un changement aussi complet dans ma manière de penser et de sentir ?.....

Faisons le livre maintenant.

26 Octobre 1831.

A CHACUN

SELON SA CAPACITÉ,

A CHAQUE CAPACITÉ

SELON SES ŒUVRES,

OU

LE FAUX-DOCTRINAIRE ET LE LIBÉRAL.

S'il y a quelque chose qui m'ait causé de la surprise et de l'étonnement depuis que j'existe, ce sont, à coup sûr, les reproches que je m'entends adresser à propos de la publication de la brochure dont je viens de parler dans ma préface. Et de quel côté encore, ces reproches! Du côté de ceux-là mêmes dont je croyais partager les opinions de ceux qui ont embrassé la cause que j'ai voulu défendre, de ceux auxquels j'accordais autant d'âme qu'il en faut pour sentir la saveur atroce de ces affreux dénouemens politiques, en Pologne, en Italie, en Espagne, en Portugal, sur la surface de l'Europe enfin. « Vous avez été trop violent dans cette brochure, disent-ils; ce n'est pas ainsi qu'il faut parler d'un gouvernement : les convenances avant tout. » J'ai été trop violent! Mais les griefs dont je me plains sont-

ils des caresses ! J'aimerais autant qu'on recommandât
la modération à quelqu'un qu'on assomme de coups de
bâton.

Mais peut-être, dira-t-on, les torts du gouvernement français ne sont pas si grands, les circonstances
ne sont pas aussi graves que vous le pensez, pour qu'il
faille renoncer à cette modération qu'on vous recom-
mande. Voyons.

Je ne reviendrai certes pas fronder *ex professo* la conduite du cabinet du Palais-Royal et celle des ministres
de Louis-Philippe ; car je crois en avoir assez dit dans
la brochure dont je viens de parler ; et puis, M. Casimir
Périer me fait peur, et les brochures anti-minis-
térielles n'enrichissent pas, par le tems qui court : mais,
la lettre de M. Cabet à ses commettans à la main, jetons un coup-d'œil rapide sur tout cela.

Il est difficile d'écrire quelque chose de plus fou-
droyant pour ce ministère que cette lettre. Il en jaillit
une masse de lumière telle, qu'à moins d'être doctrinaire et ministériel endurcis, il est impossible de ne
pas en être frappé. Il y a dans cette brochure tout ce
que le juste-milieu appelle des extravagances ; faits ir-
récusables, clarté, précision de dates, bref, tout ce
qu'il faut pour les honnêtes gens. Le résultat de ces
faits, le voici.

A l'égard des peuples amis de la France, la conduite de
ses ministres n'a été qu'une suite (je ne dirai pas des plus
noires trahisons, car j'ai juré d'avoir de la modération)
mais une suite, dirai-je, de petites plaisanteries fort
agréables et fort gentilles, à fond rouge de sang. A l'é-
gard de la France, la conduite de ses ministres est tout

aussi coupable. Des armées innombrables l'enveloppent de tous côtés; dans le lointain, une arrière-garde de quatre cent mille hommes, réparant ses forces en silence, est prête à les rejoindre; et ces ministres de la France voient, tranquillement, et depuis un an, cet orage grossir sur sa tête; orage épouvantable qui éclatera probablement au printems prochain.

Quels sont les moyens que ce ministère a à opposer à des calamités aussi alarmantes et aussi pressantes? Aucuns : ou bien! la nation française qui se lèvera comme un seul homme au besoin; ce qui est peu probable, selon nous : une promesse de désarmement général et *prochain* dont on nous leurre depuis un an; promesse illusoire, attrape ministérielle selon M. Cabet et moi : et dans le fait, de nouvelles bassesses, des concessions interminables et dégradantes, moyennant lesquelles on se flatte sottement d'obtenir la paix à tout prix, et qui n'aboutiront à rien, selon le dire de M. Cabet et le mien, qu'au désarmement effectif et préalable de la France, qui facilitera l'arrivée des alliés, et qui aura pour résultat l'asservissement et le morcellement de celle-ci.

Nous pouvons nous tromper, dirons-nous avec M. Cabet; mais nous croyons fermement, ou que ce ministère *induit finement en erreur* la nation française, ou qu'il *se méprend un tant soit peu lourdement*, dans le cas qu'il n'ait pas la clé du mystère sur le joli et agréable dénouement qui se prépare (1). —La Sainte-Alliance ne

(1) En voyant la pertinacité de M. Casimir Périer à obtenir cette paix à tout prix, on dirait cet homme obstiné qui fouillait incessamment sous les mâsures d'un vieil édifice, pour trouver le trésor qu'il prétendait y être caché. On avait beau lui crier

transige pas avec ses principes. Que l'on songe qu'il y a deux légitimités détruites en France : et que cette France sache que, lorsque des puissances comme l'Autriche et la Prusse, et la Prusse surtout (pays pauvre qui a de la peine à soudoyer son armée sur le pied de paix), que lorsque de telles puissances, dis-je, s'épuisent depuis quinze mois à entretenir et à équiper des armées doubles, ce n'est pas, pour me servir d'une expression triviale, pour des prunes. Il faut des indemnités aux alliés ; il leur faut un prétexte pour fondre sur la France, et ils le trouveront, tôt ou tard, quelques concessions qu'on leur fasse. Le loup vint bien à bout de dévorer l'agneau.

Mais donnons pour établi que nous nous trompons : faisons d'autres concessions, tenons à-peu-près le langage du juste-milieu. Oui, nous croyons tout, la paix est certaine, l'Autriche désarme, et au lieu de dire, comme il est écrit sur les pièces de cinq francs : *Dieu protège la France,* disons : *l'Angleterre protège la France* ; elle saura bien empêcher les alliés de l'envahir. Soit : mais sur quoi repose-t-elle, cette seule ancre de salut ? Sur rien, sur un coup de dé, sur un changement de ministère : et dans ce cas, au lieu d'avoir un protecteur dans l'Angleterre, vous aurez un ennemi de plus à combattre ; car vous n'ignorez pas que les dispositions d'un ministère tory, envers la

qu'il n'y avait rien là-dedans, qu'il prît garde à lui, que les murs étant vieux, minces, usés, il y avait tout à craindre qu'ils ne s'écroulassent sur lui ; il n'écoutait personne, et fouilla tant et si bien, qu'il finit par être écrasé par les décombres. Si ce n'est pas cela, il faut dire que M. Périer a pris des précautions pour que l'écroulement des murs ne l'écrase pas.

France, sont parfaitement conformes à celles des cabinets des puissances continentales. Mais ce changement, dira-t-on, aura-t-il lieu? Oui, et bientôt; tout porte à le croire. La Sainte-Alliance ayant repris tout son ascendant en Europe, il est naturel qu'elle fasse sentir son influence jusqu'au cabinet de Saint-James. Le rejet du projet de la réforme réalisera cette supposition, ou produira une terrible révolution dans la Grande Bretagne. Dans le premier cas, comme nous l'avons dit, vous aurez un ennemi de plus à combattre; dans le second, ce pays-là sera trop occupé de ses propres affaires pour continuer à vous protéger; et l'adoption de ce même projet, ne fera que prolonger, pour quelque tems, votre situation précaire. — Eh bien! oui; vous l'aurez peut-être, cette paix d'un instant : mais quelle paix, grands Dieux! — Une paix entourée des cadavres de vos amis, et pâle de frayeur! — La guerre fût-elle jamais plus hideuse!

Ce n'est pas en étayant provisoirement et momentanément les affaires de son pays qu'on est bon diplomate : les grands hommes d'état sont ceux qui pensent à l'avenir, et qui le fondent sur des bases solides et presque impérissables. Et qu'avez-vous fait, vous? Vous avez renoncé à la marche naturelle que vous prescrivaient les événemens; vous avez joué et perdu sans ressource cet avenir assuré de la France, en ne vous appuyant pas sur la sympathie, la liberté et l'affranchissement des peuples ; vous vous êtes avilis, humiliés devant les rois; vous avez trahi, abandonné ces peuples, et pourquoi? Pour vous jeter dans les bras de votre ennemie naturelle et de tous les tems, la Grande Bretagne ; et , en attendant , pour mieux compromettre votre situation périlleuse , vous lui avez confié la clé de la porte , vous l'avez placée en sentinelle avancée pour découvrir et surveiller toutes vos allures , pour voir jusqu'au fond de vos entrailles. — Votre nouvelle coalition n'est pas moins maladroite ni moins ridicule que celle de Marie-Thérèse avec sa cousine madame de Pompadour : ses résultats ne seront pas moins désastrueux !

Oh ! mes amours du juste-milieu, que ne vous oc-cupiez-vous du trois et du cinq pour cent, de la hausse et de la baisse , au lieu de vous mêler des affaires de la France, et de celles de l'Europe surtout (1) !

(1) Nous ajouterons ici un fait qui démontrera quel est le degré de croyance que méritent ces promesses de désarmement général, prodiguées par le ministère ; et ce qu'il faut penser des dispositions amicales des puissances, grandes et petites, envers la France, dont il parle sans cesse : ce fait nous vient d'une source certaine : le voici. Il est défendu, sous les peines les plus sévères, aux officiers et soldats de l'armée piémontaise qui sont aux ponts de Beauvoisin et du Var, de communiquer, sous quelque prétexte que ce soit, avec les officiers et les soldats de l'armée française ; en même tems, il est ordonné aux officiers et sol-dats des armées sarde et autrichienne, qui sont en contact du côté de Varèse et du Saint-Bernard, de fraterniser, et ils frater-nisent effectivement.

La modération est-elle donc de mise dans la situation vrai-ment effrayante où se trouve la France ? Nous ne le pensons pas ; et nous sommes profondément convaincus, au contraire, qu'une vingtaine d'écrivains aussi courageux que l'est M. Cabet, harcelant vigoureusement et sans cesse le gouvernement, met-tant le doigt sur la plaie, montrant la vérité aussi terrible et aussi hideuse qu'elle l'est, auraient forcé la main à ce même gouver-nement, et l'auraient arrêté dans sa marche un peu oblique et

Consultons maintenant les grands orateurs anciens ; ouvrons les livres de notre époque, et voyons quel est le langage qu'ils ont tenu dans des circonstances pareilles à celles où nous nous trouvons.

« Il avait tenu ce langage la veille », dit Démosthène dans sa harangue contre Eschine et en parlant d'Eschine (1), « en présence du peuple : le lendemain,
» lorsqu'il était question de confirmer la paix, j'ap-
» puyais le décret des alliés, et je prenais des mesures
» pour qu'on la fît aux conditions les plus avanta-
» geuses ; vous étiez de mon avis, et vous ne vouliez
» pas même entendre le *méprisable* Philocrate. Eschine,
» qui voulait favoriser les vues de ce *ministre*, se lève,
» monte à la tribune, et prononçant ces discours hor-
» ribles pour lesquels il devrait mourir mille fois (2),
» il osa dire, grands Dieux ! que vous ne deviez songer
» à vos ancêtres, ni écouter les orateurs qui vous rap-
» pelaient leurs combats et leurs victoires ; qu'il porte-

un tant soit peu souverainement machiavélique. En veut-on la preuve ? C'est que cette modération est recommandée par les agens mêmes du ministère ; c'est que les feuilles libérales qui mettent à nu et sans ménagement, non la monstruosité de sa conduite, mais *sa démarche un peu distraite*, lui font mal, et l'empêchent d'aller comme il l'entend.

(1) Dans ce langage d'Eschine auquel Démosthène fait allusion, Eschine conseillait aux Athéniens de ne faire la paix avec le roi de la Macédoine, qu'aux conditions les plus honorables ; il insistait surtout sur la nécessité de ne pas abandonner les alliés. Bientôt il le changea, ce langage : il s'était vendu à Philippe.

(2) Philocrate et Eschine avaient été ministres, et, après, ambassadeurs des Athéniens auprès de Philippe, roi de la Macédoine.

» rait un décret, en forme de loi, selon lequel on ne
» devait secourir que ceux des Grecs qui vous auraient
» secourus les premiers. Le malheureux ! l'impudent !
» il parlait de la sorte à la face et sous les yeux des Dé-
» putés de la Grèce, des Députés que vous aviez fait
» venir d'après son avis avant qu'il se fût vendu ! »

Je ne finirais pas si je voulais rapporter tous les pas-
sages où Démosthène appelle Eschine, Philocrate, les
ministres et les ambassadeurs auprès de Philippe, du
nom de traîtres, de scélérats, d'infâmes, pour avoir li-
vré à ce prince les Phocéens et les Thermopyles, pour
avoir laissé entourer la république par des armées ennemies que rien ne pouvait empêcher désormais de
marcher sur Athènes.—Lisez les discours de Mirabeau,
de Barnave, de Vergniaud ; lisez les lettres de Junius.
Après Démostène, consultez les Catilinaires et les Verrines
de Cicéron : comme le premier, il traite ses adversaires
d'ennemis de la patrie, de monstres, de boue infecte, de
traîtres, d'assassins, de scélérats, de brigands, de gla-
diateurs.

A qui s'adressaient les harangues de Démosthène et
de Cicéron ? Aux premiers personnages des républiques
grecque et romaine. Contre qui sont dirigées les lettres
de Junius ? contre les principaux membres du ministère anglais. Tous les hommes supérieurs ont donc
prouvé, dans tous les siècles, qu'il y a des circonstances, pour les hommes publics qui ont à cœur le
salut de la patrie, où il faut attaquer les ennemis de
celle-ci vigoureusement et sans ménagement. Cette
modération en toute circonstance, est donc le signe de
la médiocrité ; comme la paix à tout prix est l'équiva-

lent de la cupidité ou d'un criminel égoïsme, là où elle n'exprime pas trahison et lâcheté.

« Mais ceux-ci, » ajoute Démosthène dans la même harangue, en parlant toujours des ministres athéniens, « ont fait de faux rapports devant le peuple; et » par où sont-ils convaincus? par la preuve la moins » équivoque, par les événemens : car il est arrivé tout » le contraire de ce qu'ils ont promis au nom de Phi- » lippe : ils ont plus fait que de tromper simplement » nos alliés, ils les ont entièrement perdus, etc., etc. » Plus loin, il parle ainsi d'Eschine : « Après tous les » crimes de son ambassade, il tâchera de vous attendrir » par ses larmes ; peut-être même que, faisant paraître » ses enfans, il vous les présentera à la tribune. A ce » spectacle, Athéniens, opposez-en un autre; celui des » enfans de vos alliés et de vos amis, chassés de leurs » villes, traînant leur indigence de contrée en con- » trée, plongés, par les manœuvres d'Eschine, dans » les derniers malheurs, et bien plus dignes de com- » passion que les enfans d'un père si coupable, et » convaincu d'avoir trahi la patrie. Rappelez-vous vos » propres enfans auxquels il a ravi toute espérance, » en les liant par un traité honteux....... Ne venez pas » nous vanter les douceurs de la paix et tous ses avan- » tages : on ne vous impute pas d'avoir engagé la répu- » blique à la faire; mais que la paix n'ait pas été hon- » teuse et déshonorante ; que depuis sa conclusion vous » n'ayez pas trompé les Athéniens par de faux rapports » qui ont tout perdu; c'est là ce que vous devez prou- » ver, Eschine, puisque c'est là ce qu'on a démon- » tré contre vous. D'ailleurs, pourquoi tous ces éloges

» d'un prince auteur de tous nos maux? etc., etc.»
Et ailleurs encore, en s'adressant aux Athéniens : «Phi-
» lippe, qui craignait de ne pas réussir, a obtenu tout
» ce qu'il désirait; vous qui espériez obtenir ce qu'il
» est juste de souhaiter, vous vous êtes vus entière-
» ment frustrés dans votre attente; vous paraissez jouir
» de la paix, et vous souffrez plus que pendant la
» guerre; vos députés ont été payés pour vous trom-
» per, et leur crime est encore impuni... . etc., etc. »

Tout ceci fait dresser les cheveux sur la tête; on le
dirait écrit d'hier.

Soyez modérés après cela, mes chers amis de l'opposition, et que grand bien vous fasse! Oui, soyez
modérés dans des circonstances ordinaires; employez
la raison et la persuasion pour ramener dans le bon
chemin l'homme qui s'égare par erreur ou par défaut
d'intelligence; mais l'homme qui pèche par goût et
par habitude! l'assassin qui vous attaque par derrière
un poignard à la main!..... il faut le détruire, s'il vous
en laisse la possibilité, autrement vous êtes ses victimes.

Vous serez donc toujours dupes de votre bonne foi
patriarchale! Quoi! il s'agit de faire insurger le duché
de Posen et la Gallicie, et vous vous y opposez! et
pourquoi s'il vous plaît? «Pour ne pas porter atteinte,
dites-vous, au principe de non-intervention. » Que me
parlez-vous d'intervention ou de non-intervention dans
une insurrection! Le tout est de réussir. Eh! qui vous
dit, dans le cas que cette double insurrection aurait eu
lieu, si les résultats pour la Pologne n'auraient été tout
autres que ceux qui viennent de s'accomplir! Quels

remords poignans cette inconcevable faute de votre part ne doit-elle pas vous causer ! Vous ne vous apercevrez donc jamais que ce mot ronflant de non-intervention est un jouet d'enfant qu'on vous jette pour vous apaiser, et pour qu'on ait le tems d'achever tranquillement de *nobles* projets sans être contrarié par vos cris importuns ! — Une, deux, trois fois qu'on se moque de vous, ne suffisent donc pas pour vous faire enfin ouvrir les yeux !... Vous êtes, ma foi, de force à donner mille fois de suite dans le même panneau et dans la même attrape.

Quoi ! vous, ministre, vous, homme influent ; vous tous les deux qui avez sacrifié, l'un, votre fortune, l'autre, votre popularité, pour élever sur le pavois ceux qui sont actuellement au pouvoir ; vous, que ceux-ci, pour prix de tant de bienfaits, tâchent de calomnier en faisant répandre dans la société, par leurs satellites, que l'un a gaspillé le trésor public et celui du prince, que l'autre a menti, et qu'il est la seule cause de tous les malheurs ; vous auxquels ils donnent tous les torts, excepté celui d'une aveugle confiance envers eux, confiance dont vous faites constamment profession en montant à la tribune ; vous, dont on s'est servi pour porter à fin tant de lâches trahisons ; vous, instrumens passifs et innocens de ceux qui ont fait couler tant de sang généreux en pure perte ; vous qui voyez votre patrie cernée de tant de phalanges ennemies qui peuvent, en six jours de marche, faire briller, ici, à vos yeux, le glaive ensanglanté et oppresseur de leurs maîtres, vous vous laissez encore leurrer par les mots décevans de désarmement et de non-intervention ! Vous nous prêchez la modération et les convenances ! et, un beau discours mielleux, bien contourné, bien attique, est tout ce qu'obtiennent de vous la patrie, les proscrits et les victimes !... Hommes privés ! j'honore votre caractère, je rends hommage à vos vertus civiques. Hommes publics ! orateurs ! mon admiration ne vous est point acquise; non, vous n'êtes point des Démosthène; et, tant que les mauvais gouvernemens n'auront que des adversaires de votre force à combattre, ils peuvent dormir tranquillement, et poursuivre paisiblement le cours de leurs atrocités (1)!

(1) Que les médiocrités du parti ne jettent point les hauts cris. Personne plus que nous n'est pénétré de respect et de reconnaissance pour les personnes auxquelles nous faisons allusion : ce que nous avons dit d'elles, de la seconde surtout, dans nos précédens ouvrages, le prouve assez : c'est leur faiblesse que nous leur reprochons, et pas autre chose. Mais que voudriez-vous qu'ils eussent fait, dira-t-on; le voici. A la retraite forcée du ministre, au renvoi monstrueux de l'autre, ces hommes vertueux, s'estimant ce qu'ils valent, auraient dû s'apercevoir que le gouvernement qu'ils avaient protégé, ne voulant pas d'eux, ne voulait pas non plus de la liberté ni de la loyauté; ils auraient dû alors deviner quelle aurait été sa conduite à venir. C'est dès ce moment qu'il fallait l'attaquer énergiquement et sans ménagement, dévoiler toutes les turpides, les secrets dégoûtans de la diplomatie, tirer parti de son influence, appeler traîtres, infâmes, impudens, à la manière de Démosthène, ceux qui méritaient ces épithètes.—Lorsqu'on est à la tête d'un parti qui se base sur la loyauté et la vertu, ces simples qualités ne suffisent pas pour le faire réussir.

Nous n'écrivons pas pour flatter tel ou tel amour-propre: notre mission à nous, notre vocation irrésistible est de dire la vérité, ou du moins ce que nous croyons être la vérité; et

Que l'existence d'un proscrit politique est affreuse et insupportable! Non pas, certes, celle des proscrits français en Italie, du tems de la république, du consulat et de l'empire. Gorgés d'or et d'honneurs, comme nous l'avons dit ailleurs, la nullité des moyens intellectuels de quelques-uns d'entre eux, n'était pas une raison pour les exclure du commandement des armées et des conseils des princes: ils étaient proscrits et Français! cela suffisait pour qu'ils ramassassent à pleines mains l'or, les charges et les honneurs. Proscrits! ils n'avaient non plus à souffrir des peines presque toujours inséparables de la proscription, l'absence des siens, car leurs parens, leurs familles étaient avec eux.

Je ne parle pas non plus de ces Carlistes, proscrits volontaires, je ne sais pas trop pourquoi, qui se tiennent actuellement dans les deux péninsules. Choyés, honorés par les gouvernemens de ces deux contrées, les plus obscurs d'entre eux touchent de ceux-ci des appointemens de trois à quatre francs par jour.

L'existence affreuse, l'existence insupportable, dont je parle, est celle des proscrits politiques en France.

Hommes de cœur et de sentimens élevés, dont la pensée de tous les jours, depuis quinze mois, n'a été que de répandre la dernière goutte de leur sang pour la cause de la France, qui est la leur en même tems, la plupart de ces proscrits sont doublement

nous la dirons toujours, quelles que soient les personnes qui se trouvent dans son chemin, et quelque danger qu'il y ait pour nous à la faire connaître. — Si nous avions voulu suivre toute autre ligne que celle qui nous est tracée par notre conscience, il y a longtems que notre situation aurait changé.

sensibles aux avanies que leur prodiguent les ministres français.

Harcelés, relancés sans cesse, on leur refuse le peu de pain noir (seule nourriture qu'ils puissent se procurer avec ce qu'on leur donne) s'ils ne vont demeurer dans telle et puis dans telle autre ville. A la merci d'un ministère sans entrailles; en but à la brutalité du dernier des agens de police (qui se fait un devoir de renchérir, par ses actes et ses paroles, sur la *délicatesse* du langage qu'il entend tenir à la tribune par ceux qui sont au pouvoir), ils ont continuellement à opter entre la mort, et l'humiliation d'accepter de misérables secours des mains de ceux qui tâchent de les flétrir, après les avoir indignement trompés : et puis on les force de partir et de rentrer chez eux, lorsque ce même ministère, après les amnisties octroyées par les gouvernemens despotiques, juge à propos de les y contraindre.

Qu'on lise le factum que nous plaçons à la fin de cet opuscule, pour savoir quel est le fond qu'il faut faire sur ces amnisties, dont le gouvernement français fait, à dessein, un si pompeux éloge; et à quoi équivaut cette contrainte qu'il inflige aux proscrits.

Eh quoi! faut-il donc qu'il n'en reste un seul debout! faut-il les envoyer tous aux galères et à la mort! Vous n'êtes donc pas rassasiés de leur sang! faut-il qu'il soit versé jusqu'à la dernière goutte pour que vous soyez satisfaits!... Oseriez-vous boire, monstres! les flots qui ont été répandus jusqu'ici pour vous, pour votre patrie, pour la cause que vous reniez, que vous trahissez, et que seuls vous exploitez à votre profit!

Eh! mes chers amis les journalistes, cessez donc une

fois, de nous lancer vos plaisanteries, en vous écriant, à propos de coups de couteau donnés par quelqu'un des vôtres, « que ce quelqu'un a dû recevoir une éducation à l'italienne ou à l'espagnole », que sais-je! Laissez le soin de ce genre de plaisanteries aux écrivains du ministère, qui s'en acquittent on ne peut pas mieux. Il y a des coups de couteau et des assassinats bien autrement monstrueux que ceux dont vous parlez : ce sont ceux dont les peuples entiers sont les victimes; et vous savez autant que moi, mes amis, quelles sont les contrées où s'administrent les premiers et s'accomplissent les seconds

Détournons les yeux de ces idées affligeantes qui me font presque oublier que j'ai promis d'être modéré : et surtout tâchons de changer de ton.

Faites-vous doctrinaires et ministériels, mes chers compatriotes : c'est le seul expédient que je puisse vous proposer pour que vous sortiez de la situation affreuse où je vous vois plongés. Étouffez les cris de votre conscience, pâmez-vous d'aise à chaque acte du ministère français. — Chasse-t-il vos amis de la France hospitalière ! les envoie-t-il ainsi aux galères et probablement à l'échafaud! dites que c'est justice, et que c'est là la manière d'être véritablement hospitalier. Si quelqu'un d'entre vous, dans l'espoir de vivre un jour de plus, joue les deux francs qu'il a quelquefois dans sa poche! dites que tous les proscrits sont joueurs, qu'ils sont dans l'aisance, que le gouvernement français leur fournit abondamment de quoi pourvoir, non seulement à leur subsistance, mais même à des objets de luxe et de fantaisie.—Casse-t-on la tête à un pauvre mathématicien italien, honnête homme, qui ne s'est jamais mêlé d'émeutes, à la sortie de son modeste repas au Palais-Royal! l'envoie-t-on en prison après cela; l'oblige-t-on à déposer cinq cents francs qu'on ne lui rend pas, malgré la bévue dont on s'est aperçu! applaudissez, assourdissez le monde en disant que tous les Italiens sont des perturbateurs de l'ordre public. Louez outre mesure l'aménité et la douceur des manières de M. Casimir Périer, la sensibilité exquise de son cœur; proclamez-le le plus habile et le plus clairvoyant des ministres passés, présens et futurs; proclamez aussi M. Sébastiani le plus modeste, le plus véridique et le plus honnête homme des diplomates. Niez surtout impudemment les faits les plus notoires; ce moyen là est parfait; on a rarement les preuves en poche pour vous convaincre de votre impudence. — Apprenez par cœur et débitez, n'importe à quel propos, deux ou trois discours de MM. Guizot et Royer-Collard: vous n'y entendrez rien; ceux qui vous écouteront, ne les comprendront pas plus que vous, n'importe, vous dis-je; ce pathos n'est pas fait pour être compris; allez toujours, faites ce que je vous dis, et, peut-être, le Pactole refluera sur vous ses ondes dorées et bienfaisantes.

Mais pourquoi, direz-vous, ne mettez-vous, vous-même, à exécution le conseil que vous nous donnez? Oh! ceci est différent, mes amis : et ne voyez-vous pas l'effroyable grimace que je ferais en disant le contraire de ce qui est au fond de mon cœur? Avec le peu de dents que j'ai, ce serait affreux!

J'ai eu effectivement une fois la pensée de mettre à exécution cette idée; mais voici ce qui m'est arrivé.

Étant un jour, comme nous le sommes presque tous et de tout tems, mes amis, sans le sou et couvert de dettes, à empester l'air dans un rayon de vingt pas tout autour de moi, je reçus la visite de trois huissiers (voilà, comme je le disais, pourquoi je n'aime pas ces Messieurs); trois! ni plus ni moins. Un m'était adressé par le maître de l'hôtel où je logeais autrefois, un autre par mon tailleur, le troisième par mon imprimeur... Qu'on ne pense pas que j'aie à me plaindre des Français ; au contraire, ce sont les meilleures gens du monde, lorsqu'on leur doit de l'argent. Il ne faut pas leur en demander sous aucun prétexte, c'est vrai : et ici non plus ce n'est pas un reproche que je leur, adresse. Les fausses-couches politiques auxquelles ils sont sujets ; la multiplicité des gouvernemens qui se sont succédé chez eux à si peu d'intervalle les uns des autres, qui ont tous exploité le système corrupteur de la finance, ont dû leur ouvrir les yeux sur l'instabilité des choses d'ici bas, et leur ont fait sentir le prix de l'or, qui est, au dire de beaucoup de gens, le meilleur ami de l'homme dans les situations scabreuses de la vie. Il ne faut donc pas leur en demander, disais-je, mais si on leur en doit, les Français sont d'excellens enfans : ils se pénètrent de votre situation de proscrit, ils se paient de raisons qui ne sont pas toujours bonnes, et puis ils lèvent un peu les épaules : une visite, un huissier de tems à autre, un *souvenez-vous de moi,* voilà ce que vous avez à craindre de leur part : cela vous épaissit un peu la langue, vous fait dormir d'un sommeil saccadé, mais cela n'est pas méchant ; du mal véritable, ils ne vous en font pas ; sans quoi il y a longtems que j'aurais été obligé d'aller me loger au quartier du Jardin des Plantes.

Le jour donc, mes amis, que je venais de recevoir les trois *agréables* visites dont je vous parlais plus haut; bouleversé, alarmé des conséquences qui sont souvent la suite de pareilles visites, je me dis, à la manière de Mayeux : « T. d. D. ! ma situation n'est pas supportable, faisons-» nous juste-milieu, ministériel, diable, tout; mais il » faut à tout prix sortir de cette situation ! » Je m'animai, je m'encourageai par tous les moyens possibles, et je me dis encore : « *Lorsqu'on veut fortement quelque chose, on finit par réussir.* Il ne s'agit donc que de vouloir fortement, et je veux *très-fortement* devenir juste-milieu. Il faut pourtant qu'on connaisse ma nouvelle conversion. Il me faut donc un éclat. Eh bien ! j'irai attaquer vertement les libéraux; j'aurai une querelle, un duel peut-être...... ceci devient sérieux; mais n'importe : moi aussi je parlerai de mes exploits passés, vrais ou faux; je conterai ma campagne d'Espagne où je ne fis presque rien, celle de Naples où je ne fis rien du tout, et peut-être on me croira sur parole, et j'aurai de l'éclat à bon marché. »

Après avoir ainsi raisonné, ma résolution bien arrêtée, j'appris par cœur trois ou quatre phrases ronflantes de M. Sébastiani, cinq ou six axiomes de M. Casimir Périer, deux ou trois mots banals de juste-milieu, comme ceux-ci par exemple : « Ils font de l'opposition » pour avoir des places. » ou : « La guerre ou la république, n'est-ce pas? etc., etc. » Enfin je mis aussi par cœur deux ou trois articles de journaux ministériels. — Mais ici je suais froid, je grimaçais comme un damné, en les prononçant pour les fixer dans ma tête ; je me trouvai mal à un passage du *Journal des Débats*, du 20 octobre, sur la Pologne et l'Italie ; je ne pus jamais en venir à bout : je passai outre. Heureusement j'avais déjà la mémoire passablement garnie : j'achetai, pour six francs, une belle chaîne en cuivre doré, que je passai sur mon gilet ; je mis dans ma bourse une quantité de faux jetons (j'avais eu d'abord l'idée de la remplir de petits cailloux, mais je changeai bientôt d'avis, de crainte qu'on ne vînt fouiller dans mes poches pour s'assurer si j'étais ou non un véritable juste-milieu). Je fis tout cela, dis-je, et, ainsi masqué et cuirassé, je courus à la recherche des libéraux.

J'en vis justement un dans un café (l'endroit était on ne peut mieux choisi pour l'éclat dont j'avais besoin). On m'avait signalé cet individu pour avoir publié, contre le gouvernement, une brochure un tant soit peu amère. Il était là, assis à côté du comptoir, savourant un verre d'orgeat, et la *Tribune* à la main. Ne l'eussé-je connu, que ç'aurait été absolument égal ; on ne pouvait se méprendre aux signes distinctifs de libéralisme qu'il possédait au complet. Il n'avait point, d'abord, de chaîne à sa montre, la poche de son gilet ressemblait à un morceau de boyau vide collé à son ventre ; son air était spirituel, mais soucieux et rêveur ; et le maître du café, portrait parlant du juste-milieu, assis presque à son côté, lui lançait, de tems à autre, des œillades de mécontentement.

Je connaissais aussi ce dernier personnage. Il était en habit neuf de garde national, boutonné jusqu'au menton ; riant d'un air de protection, tout *cafetier* qu'il

était; gros, la figure rouge, le nez grand et bour-
geonné, l'air aussi bête et aussi stupide qu'il est possible de l'imaginer; s'entendant au reste à gagner son
argent mieux que personne, et lançant, comme je le
disais tantôt, des regards courroucés sur son voisin.
Il me dit même à l'oreille, qu'il était décidé à le mettre
à la porte, *primo*, parce que c'était un enragé libéral,
secundo, parce que, depuis trois jours, il lui devait
deux demi-tasses et un verre d'anisette. Ici, je fus
saisi d'indignation; je fis un mouvement pour lui
jeter ma bourse de faux jetons à la figure; mais je me
souvins à tems du nouveau rôle que je devais jouer, et
je me contins.

Au moment où je réprimais ce mouvement im-
prudent d'impatience, mon quidam (c'est du libéral
que je veux parler), mon quidam, dis-je, qui avait
toujours son journal à la main, s'écria : « Dieu! quelle
Chambre! quelle Chambre, grands Dieux! » L'occasion
était belle; je la saisis au bond. « Il paraît, dis-je d'un
ton goguenard, que monsieur n'est pas content de la
Chambre actuelle? — Et monsieur, répartit-il? — Je
la trouve délicieuse, moi; à mettre dans du coton. —
Comment, monsieur, répartit-il encore, une Chambre
qui refuse son vote pour l'enquête sur la conduite des
ministres, parce que, dit-elle, les membres de l'opposition se sont permis des personnalités! Je demanderai d'abord si les députés ministériels, si les ministres eux-mêmes, sont exempts de mériter ce
reproche. Mais je renonce à ce genre de récrimination,
pour ne m'occuper que de l'étrange susceptibilité de nos
Députés. Eh quoi! les affaires de la patrie sont donc

de si peu d'importance pour ces messieurs, qu'ils les
sacrifient à une susceptibilité! N'aurait-on pas raison
de croire que cette susceptibilité n'est qu'un prétexte;
et que les ministres leur sont trop chers pour qu'ils
veuillent en examiner la conduite? « Frappe, mais
écoute » disait Thémistocle à Eurybiade. Mot sublime!
épitome de la pensée d'une grande âme! Il voulait
dire : « Que m'importe de mourir, pourvu qu'on
sauve la chose publique!... » Mais il y a, dans ces
mots de Thémistocle, autant de grandeur et de pa-
triotisme, qu'il y a d'égoïsme et de coupable indiffé-
rence dans la susceptibilité de nos Députés ! »

C'était un exagéré, j'en conviens, mais c'était aussi
un fier lutteur, mon adversaire. Que diable! m'attaquer
justement par l'histoire grecque, où je ne suis pas fort !
Je ne savais trop que lui répondre. « Changeons de
thèse, me dis-je. Qu'est-ce d'ailleurs, que de défendre
la Chambre! elle se compose de tant d'individus! C'est
le ministère qu'il faut défendre : la Chambre ne donne
pas les richesses. »

M'épanouissant alors la figure, et tâchant de prendre
l'air d'un homme pénétré de la vérité de ce qu'il va
dire, je m'écriai, en m'adressant au *bourgeois* juste-
milieu, en montrant le blanc de mes yeux, et avec un
soupir prolongé et sentimental : « Ah! monsieur, que
votre gouvernement est un amour! quel ange de gouvernement! que de fermeté et de vigueur envers les
puissances étrangères! que de douceur et de paternité
dans l'intérieur !... Jamais, non, jamais l'honneur et la
dignité de la France n'ont été portés si loin! — Ah!
qu'en dites-vous? répondit le cafetier juste-milieu avec

un sourire de satisfaction, et me mettant la main sur l'épaule. » Le libéral ne souffla pas le mot.

Voyant alors que je n'obtenais pas de réponse de celui dont il m'en fallait une, je me remis à crier plus fort, en doublant le diapason de ma voix, et avec des contorsions à faire croire que j'avais mal aux entrailles. « Quel auge ! quel amour que ce gouvernement ! que de grâce, que de force dans ce gouvernement ! » Le libéral se leva et vint à moi. Je me dis à part moi : « voilà l'éclat, voilà le duel, ma fortune est assurée ; » et puis le dialogue suivant s'établit entre lui et moi : « Monsieur est Italien, n'est-ce pas ? — Je fis un signe affirmatif. — Je m'en étais aperçu à votre accent. Permis à vous, monsieur, à un Espagnol, à un Portugais, voire même à un Russe, à un Autrichien et à un Prussien, de se pâmer, ainsi que vous le faites, sur la merveilleuse conduite de notre gouvernement ; mais moi, monsieur, je suis Français. C'était un titre dont j'étais fier pendant la république, aussi bien que pendant l'empire ; dont, soit dit en passant, je n'approuvais pas le régime, à cause du despotisme révoltant et du besoin insatiable de gloire et de conquête de celui qui en tenait le gouvernail : c'était un titre aussi dont je n'étais pas mécontent pendant les Bourbons : ces gens-là avaient par fois, comme le dit M. de Châteaubriand, du sang dans les veines ; mais de ce titre, monsieur, je ne m'en soucie nullement maintenant. Eh ! comment voulez-vous que moi, Français, je puisse ne pas frémir de honte et de rage, en sachant tous les représentans de la nation française à genoux, suppliant les souverains de l'Europe, qui se moquent de leurs supplications ;

ou, ce qui est encore pis, obligés, pour obtenir grâce auprès d'eux, à leur prêter, lâchement et sourdement, leur appui pour les aider à écraser nos amis, nos alliés, ceux qui ont versé leur sang pour nous, ceux auxquels nous avons promis aide et protection! Comment, moi, Français, voulez-vous que j'endure des lettres, de ces souverains, adressées au premier représentant de la nation française, telles, que si un individu quelconque s'avisait de m'en écrire de pareilles, je voudrais l'appeler à partie pour qu'il m'en rendît raison? Comment voulez-vous que je souffre votre tiranneau de Modène, agissant avec des Français et avec des ambassadeurs français comme avec des Turcs; et faisant imprimer, dans l'Almanach Ducal de 1831 : *Charles X, par la grâce de Dieu, roi de France et de Navarre?* Avouez, monsieur, que ce sont là des coups de pieds beaux et bons. »

Je fus ébranlé à cette seconde tirade de mon antagoniste: la raison et la vérité ont tant d'empire sur moi! J'avais beau vouloir me fâcher; j'avais beau m'animer pour en venir au duel; il n'y avait pas moyen; la nature s'y refusait. Mais je me dis, d'un autre côté point de juste-milieu, point d'argent. Une idée me vint alors à la tête: je pensai à l'histoire romaine et au *Pater noster :* et, en répondant à la dernière partie de son discours, je dis au libéral, d'un air d'un enthousiasme forcé : « Mais, monsieur, mais c'est admirable! c'est antique! c'est dire, comme cette Romaine, Arria, qui s'enfonçant le poignard dans la poitrine, et, le rendant à son mari, lui répétait : *Pæte, non dolet,* cela ne fait point de mal, Pœtus. C'est d'ailleurs pratiquer un précepte de notre sainte religion qui nous ordonne de pardonner à nos ennemis.

— Eh bien ! que le bon Dieu vous pardonne (et je crois qu'il ajouta entre ses dents : *car vous êtes un sot !* mais je n'en suis pas sûr). Faut-il pardonner aussi, reprit-il, à ce gouvernement vos amours, le sang d'un peuple de héros, dont la grande partie a été versée à côté du nôtre sur le champ de bataille, et dont le reste a servi pour empêcher qu'on ne vînt nous envahir ! une poignée de héros, dis-je, qui aurait écrasé ses ennemis, sans ce qu'on appelle la non-intervention de la Prusse et de l'Autriche, et sans les noirs complots de nos lâches diplomates ! »

Décidément, cet homme-là ne sacrifiait pas aux convenances ; son langage n'était point empreint de cette sage modération sans laquelle on ne fait rien de bon en France : aussi mon ami le cafetier m'avait bien dit que c'était un vaurien, et qu'il fallait prendre garde à lui..., L'avouerai-je pourtant ? malgré cette prévention, je fus péniblement affecté de cette esquisse rapide et déchirante des malheurs de l'héroïque Pologne. J'avais trop compté sur la force de mon caractère ; je faillis fléchir tout-à-fait : j'eus un moment l'intention d'envoyer au diable les doctrinaires et le juste-milieu : mais enfin, je sus encore me vaincre cette fois ; je recomposai les traits de ma figure, et : « Les Polonais ! ah ! les Polonais ! quel brave peuple que les Polonais ! m'écriai-je, en reprenant mon air hypocrite et sentimental : quel dommage ! Personne, non, personne au monde n'a le cœur plus navré que moi du sort réservé à cette malheureuse nation ! Mais que faire ? comment la secourir ? il n'y a pas de port ni de ville maritime pour débarquer une armée de ce côté-là ; sans quoi, monsieur (et je pris ici un ton à-peu-près menaçant), sans quoi vous verriez ce que ce gouvernement saurait faire ! » — Mon adversaire se contenta d'abord de me réciter un distique qu'il avait pris Dieu sait où. Le voici :

> « Ah ! si le trop d'amour cause votre impuissance.
> » Honorez-moi, seigneur, de votre indifférence ! »

Et puis il ajouta : « Le moment de secourir la Pologne est passé, monsieur. Je pense bien que quelqu'un des membres de *votre* gouvernement (il dit *votre* en propres termes) ait eu un moment la velléité de l'aider diplomatiquement (velléité, ô honte! que la plus petite menace a suffi pour faire désavouer), bien que je n'accorde à aucun d'eux assez d'âme pour avoir voulu la soutenir énergiquement et comme il le fallait. C'est indirectement, et en attaquant vigoureusement la Prusse et l'Autriche, au moment où ces deux puissances se moquaient, en Italie et en Pologne, du principe de non-intervention, que nous avions proclamé ; c'est alors qu'il fallait secourir les Polonais. Mais vous, Italien, ajouta-t-il encore en s'approchant un peu plus de moi, vous ne rougissez pas de vous faire le défenseur officiel de ce gouvernement? Vous êtes donc bien content de la manière dont il en a agi envers vous autres? »

A cette apostrophe, je rougis effectivement jusqu'au blanc des yeux : mais toujours obsédé de ma maudite pensée financière, je me remis encore une fois ; je me fâchai même un peu, et je répondis, avec une voix creuse et concentrée, et en frappant avec la paume de la main sur la table, qui était au-devant de moi, à la fin de chacune de mes phrases : « Qu'est-ce qu'on a promis aux Italiens? On n'a jamais rien promis aux Italiens. — Comment, on n'a rien promis! Et, sans parler du reste, notre principe de non-intervention, si hautement proclamé à la tribune; ces fanfaronnades, mille fois répétées, que nous aurions su faire respecter ce principe, vous appelez donc cela rien du tout? »

Ici je demandai un verre d'eau à mon ami le cafetier, qui était demeuré muet, mais non immobile, pendant la discussion. Toutes les fois que je prenais la parole, il ouvrait la bouche, et restait dans cette position, en me regardant, tout le tems que je parlais; et, aussitôt que je finissais, il prenait une prise de tabac avec l'air de la satisfaction la plus marquée, comme pour dire : « Nous avons triomphé. » Il avait porté le mouchoir à ses yeux à ma sortie sentimentale pour la Pologne, et avait lancé des regards foudroyans sur mon adversaire, à la dernière partie de ma phrase. Celui-ci prenait-il la parole à son tour! les contorsions, les actes d'impatience de mon ami ne peuvent pas se dépeindre : bref; ses mouvemens, ses sourires, ses prises de tabac, sa bouche ouverte ou fermée, ses ih! ses ah! ses ch! ses uh! et jusqu'à son silence, montraient assez de quel côté étaient ses sympathies et ses aversions; on voyait évidemment que, d'après lui, j'étais l'homme d'esprit, et que le libéral n'était qu'une bête; que mes paroles étaient de l'or fondu, et celles de ce dernier, au-dessous du plomb et du cuivre. Après m'avoir adressé un regard d'intelligence-*juste-milière*, il courut vite, en personne, et vint dans un clin-d'œil m'apporter ce que je lui demandais. Je mouillai mes lèvres dans le verre d'eau, je mis mes gants jaunes, je gonflai mon ventre, et puis, en me tournant à droite et à gauche, en gesticulant aussi long et aussi large que mes bras pouvaient me le permettre, je me mis à déclamer avec emphase ces mots d'un discours prononcé à la tribune; mots que je croyais de nature à terrasser mon antagoniste et à redoubler la sympathie de mon ami le cafetier, auquel, en cas d'échec, je comptais demander à déjeûner à crédit; en cas de succès aussi; mais j'espérais, dans cette dernière supposition, ne pas le faire attendre longtems pour le paiement : « Monsieur !!! » dis-je, en prolongeant sensiblement le son de la dernière syllabe de ce mot; «on a reproché au gouvernement français d'avoir abandonné le principe de non-intervention qu'il avait lui-même proclamé et posé sur des bases larges et protectrices de l'indépendance des nations. Non, il ne l'a pas abandonné: mais lorsque, au lieu d'en faire l'arme défensive des peuples, spontanément rentrés dans leur indépendance, on a voulu s'en servir comme d'un lévier pour renverser tous les gouvernemens existans; lorsqu'à l'aide de ce principe, on a prétendu entraîner la France dans une guerre universelle, ses ministres ont été forcés de le *restreindre*, et de le rendre compatible avec l'existence des autres gouvernemens. » Ici, le cafetier me serra entre ses bras, et faillit m'étouffer. «C'est fameux! me dit-il en se penchant à mon oreille, il ne vous répondra pas, il ne peut pas vous répondre. » Et puis, en parcourant la boutique à grands pas, il s'écriait : « Ah! que c'est beau! ah! que c'est beau! jamais je n'ai entendu rien de plus beau! »

Le libéral se mordit les lèvres, attendit tranquillement la fin des démonstrations enthousiastes de mon
ami, et, se tournant vers moi, « Qu'est-ce, monsieur,
que ce galimathias doctrinaire que vous me débitez là,
propre tout au plus à imposer à des imbécilles ? Qu'est-
ce qu'un principe proclamé par les ministres d'une
grande puissance, principe qu'ils sont obligés de restreindre après ? Ont-ils proclamé cette restriction à
tems pour empêcher les effets du principe hautement
proclamé ? en ont-ils seulement parlé ?... C'est justement à cause de ces bassesses que je ne me soucie
pas d'être Français par le tems qui court. Les ministres
d'un grand empire doivent connaître toute la portée de
leurs mots avant que de les prononcer. Mais en aban-
donnant toutes ces raisons, rapprochons les dates, et
voyons quelle sincérité renferment les mots ministériels
que vous venez de prononcer avec tant d'emphase.
A quelle époque, monsieur, a eu lieu l'insurrection
italienne ? Le 24 février 1831, n'est-ce pas ? — Je fis
un signe affirmatif. — Aucune autre révolution n'a
eu lieu en Europe, après celle de l'Italie ; et le même
ministre qui prononçait la phrase que vous venez de
répéter, assurait à la Chambre, à peu près un mois
après l'affranchissement de Bologne et de Modène,
qu'il venait d'écrire à Vienne que la France n'aurait
jamais permis que l'Autriche se mêlât des affaires de
l'Italie. Quand cette phrase de restriction a-t-elle été
prononcée pour la première fois ? — Le 10 août, fis-je.
— Ces mots ronflans, donc, Monsieur, que vous et
M. le ministre des affaires étrangères avez prononcés
avec un ton de triomphe, ne sont qu'une phrase à effet

inventée après coup, et destinée à cacher la trahison
ou la lâcheté.

Je condamne ces derniers mots, auxquels, moi modéré,
j'aurais substitué ceux de malice et d'excès de pudeur.
Mais à cela près, j'en conviens, j'aurais embrassé cet
homme ! c'était un sorcier ! il devinait mes véritables
pensées, il parlait comme j'aurais parlé moi-même :
aller se battre contre lui ! je me serais plutôt battu dix
fois pour le défendre ! Mon ami le juste-milieu me souf-
flait en attendant à l'oreille : « Il est fou, il ne sait pas
» ce qu'il dit, il ne faut plus raisonner avec lui. »

J'étais effectivement épuisé, ma résolution ne tenait
plus qu'à un cheveu, je maudissais de tout mon cœur
les doctrinaires, le juste-milieu, et moi-même qui m'é-
tais avisé d'en tâter. Mais, dis-je enfin, courage, encore un effort : défendons le président du conseil. Peut-
être on lui parlera de mon dévouement à sa personne
et à la *bonne cause,* et peut-être aussi la fortune viendra
après chez moi, me combler de ses dons; et puisque,
dans l'état d'épuisement où je suis maintenant, il me serait impossible de me sacrifier courageusement, tâchons
de donner au premier ministre une marque éclatante
du plus tendre intérêt.

Prenant alors un air piteux, et en appuyant sur le
dernier mot du libéral, je dis : « Lâcheté ! monsieur,
» lâcheté ! pouvez-vous bien prononcer ce mot là à
» propos d'un ministère dont M. Casimir Périer fait
» partie? N'avez-vous pas été témoin, monsieur, du
» courage brillant que M. le président du conseil a dé-
» ployé à cheval, couvert de son chapeau de mi-
» nistre, en se mettant à la tête de la cavalerie, de la

» gendarmerie, de l'infanterie et de la garde nationale !
» N'avez-vous pas admiré avec quelle bravoure il s'est
» lancé au devant de l'émeute ! Moi, je ne l'ai pas vu,
- c'est vrai, et l'on m'assure qu'il n'y avait point de dan-
» gers à courir : mais lorsque je songe à ceux qui pou-
» vaient arriver, et qui, grâce à Dieu ! n'existaient pas,
» je ne puis m'empêcher de frémir ! » Et ici, soit excès
d'épuisement, soit pour donner à M. Périer une preuve
non équivoque de ma tendresse, soit que je ne sache
jamais faire les choses à demi, je me mis à pleurer :
« ih ! ih ! ih ! » Il y avait, dans l'expression de ma douleur,
presque autant de sincérité que dans les *déchirantes*
protestations de M. Sébastiani à propos de la Pologne
et de l'Italie. Aux cris que je poussais en attendant,
le cafetier juste-milieu, commença à fondre en larmes
tout de bon : ah ! ah ! ah ! il faisait : c'était un duo à attendrir les pierres : le libéral n'en fut point ému pourtant;
il nous regarda même d'un air de commisération, et
se prit ainsi à parler : « Personne, Monsieur, n'a jamais
» douté du courage individuel de M. Casimir Périer.
» Mais que faisait à l'émeute le ministre de l'intérieur?
» Le rôle qu'il y jouait aurait été bon tout au plus pour
» un général de brigade ou de division ; supportable
» peut-être dans un général en chef : voire même dans
» le ministre de la guerre; mais lui! qu'allait-il faire
» dans cette galère? Vous me permettrez donc de pen-
» ser, Monsieur, que l'équipée qui vous attendrit à ce
» point, était tout-à-fait ridicule, par cela même qu'elle
» était absolument inutile : et quant à la politique de
» M. Casimir Périer.... » Il allait continuer; j'avais même
préparé, dans un tout dernier effort, dont je me croyais

encore sottement capable, une réponse, espèce de macédoine composée de quelques propos sentencieux du
Moniteur et de quelques mots ministériels; comme par
exemple : *l'Italie respire, la Pologne est tranquille,* et
autres aménités pareilles, tirées de ce langage d'antro-
pophages avec lequel on exhume et on outrage les
morts, après leur avoir donné le coup de grâce ; langage
dont les feuilles ministérielles du duc de Modène n'o-
sent pas se servir, et qui est si fort à la mode pour les
organes du gouvernement incivil du pays le plus civi-
lisé de l'Europe. Je comptais répondre, dis-je, mais
j'étais au bout de mes efforts: ceux que j'avais faits
jusque là, en voulant soutenir un caractère diamètra-
lement opposé à celui que le bon Dieu m'a donné,
étaient prodigieux: le mots de *l'Italie qui respire,* et de
la *Pologne tranquille,* en excitant en moi les sentimens
naturels que je m'efforçais de comprimer depuis si longtems, contribuèrent à hâter le développement d'une
crise qui se préparait depuis le commencement de la
discussion, peut-être dès le commencement où je m'a-
visai de devenir doctrinaire; je grinçais les dents, je
tremblais de tous mes membres, je marmotais des
mots que je ne pouvais pas articuler ; bref, je tombai
à la renverse sur le pavé, je perdis connaissance, et je
me crus mort.

Je vis alors venir à moi une haie immense de baïon-
nettes, de fusils, de canons, des rangs épais d'infanterie,
de cavalerie, et si nombreux que, comme l'aurait dit
Homère, ils faisaient résonner la terre sous leurs pas. Je
criai de toutes mes forces : «A moi les Français! à moi
les Polonais! à moi les Italiens!» mais personne ne ré-

pondait à mon appel. J'entendais, il est vrai, confusé-
ment, les premiers se combattre derrière moi, et sans
les voir; mais un morne silence, du reste, m'environnait.
Puis au devant, tout autour de moi, dans le lointain,
de près, à droite et à gauche, je ne voyais que cachots
et que tombeaux. Il en sortait des milliers de squelettes,
d'ombres, d'hommes à moitié mourans, mutilés, meur-
tris, brisés, qui, en me montrant, les uns leurs lourdes
chaînes et les portes épaisses de leurs prisons, les autres
les cordes dont ils avaient été étranglés, qui serraient
toujours leurs cous, ceux-ci leurs blessures encore san-
glantes, ceux-là leurs bras et leurs jambes fracassés et
pendans, paraissaient me dire avec des signes muets et
déchirans : « Que pouvons-nous faire désormais! »
« N'avancez pas, criais-je alors aux armées ennemies
» en leur désignant du doigt tous ces fantômes et ces
» squelettes, voilà où sont tous ceux que vous cherchez,
» ils sont morts ou mourans; voilà ce qu'on a fait pour
» vous apaiser : n'êtes-vous pas contens? voulez-vous
» encore verser du sang! Arrêtez!..... » Ils ne m'écou-
taient pas, ils avançaient, ils avançaient toujours, et
finirent par nous passer sur le corps, aux squelettes,
aux mourans, aux Français et à moi.

Nous nous trouvâmes tous alors, à dix pieds sous
terre; un voile épais et noir nous couvrait; mais malgré
cela, les pieds ferrés de nos ennemis et de leur chevaux,
les roues pesantes de leur artillerie nous broyaient les os
avec un craquement effroyable. Elles passèrent toutes
enfin, ces armées; une nuée d'autres gens les suivaient
de près.

C'étaient des êtres, qu'on peut appeler hommes si

l'on veut, des êtres comme je croyais n'en avoir jamais
vu, et à traits hideux ; ou pour mieux dire, ils n'avaient
point de traits. Leur figure était tout-à-fait ronde, et
ressemblait à ces lanternes de papier et à plis, qu'on
ouvre et qu'on referme. Voulaient-ils rire, voulaient-
ils exprimer la peine ou le souci, leurs figures s'abais-
saient ou s'allongeaient avec une épouvantable grimace.
Je ne me souviens pas de les avoir jamais vus pleurer.
Au-dessous de ces figures pendait un petit écriteau
avec ces mots : « *Toujours pour le pouvoir, quel qu'il*
» *soit.* » Ils nous passèrent aussi sur le corps, ces
êtres. Étaient-ils lourds ! encore plus lourds que les
canons de nos ennemis ; c'était leur ventre qui cau-
sait apparemment cette inconcevable pesanteur ; il était
énorme, ce ventre, il leur allait jusqu'au cou ; impossible qu'il y eût un cœur là dedans. Ces hideux animaux nous écrasaient, en passant sur nous, plus que
les chevaux et l'artillerie ; et le broiement de nos os,
de nos cervelles, de notre sang, formait déjà un horrible
gâchis, un grand marécage dans lequel ils dansaient
avec leurs jambes grêles (car ils avaient l'air content,
ces animaux), et dans lequel ils s'enfonçaient jusqu'aux hanches : leur ventre seul les empêchait de
descendre plus bas : ils prenaient à deux mains de la
matière sanglante du gâchis, et barbouillaient, en
ricanant affreusement, leurs habits et leurs figures ;
ce qui les rendait encore plus hideux : l'or même
dont étaient remplies les énormes poches de leurs gilets, était souillé de cette matière. Je crus alors connaître quelques-uns de ces scélérats. « Traîtres ! m'é-
criai-je ; agioteurs qui êtes nantis du prix de notre

sang et de nos misères, venez..... » Et, tout brisé que j'étais, je fis des efforts pour les saisir et les entraîner sous terre avec moi... Vains efforts! ils m'échappaient, ils se sauvaient en mettant les mains dans les poches de leurs gilets... et, dans le plus vigoureux de ces efforts, je m'éveillai en sursaut et tout couvert de sueur..... C'était un cauchemar. — Les citations de Démosthène n'étaient que des réminiscences de ma jeunesse, que je débitais en dormant; le dialogue de moi, juste-milieu, avec le libéral; mes réflexions, les conseils que je donnais à mes compatriotes, bref, à la préface près, tout ce que j'ai écrit dans cet opuscule n'est qu'un rêve: car enfin, j'ai la conviction que mes amis ne croiront pas que j'aie voulu transiger avec ma conscience. Et dans le cas qu'on trouve, quelque part, dans ce songe, des idées peu mesurées, des pensées mal sonnantes, j'espère qu'il est permis de rêver comme on peut, sans manquer à la modération, sans blesser les convenances.

FACTUM

RÉDIGÉ

IMMÉDIATEMENT APRÈS LA PROMULGATION

DE

L'AMNISTIE NAPOLITAINE.

Il serait bien malaisé de faire l'historique des aberrations de l'esprit humain: elles sont d'ailleurs en grande partie du ressort de la médecine; et tant que ces affections (qu'elles proviennent du cœur ou du cerveau) n'attaquent que les individus qui n'ont aucune influence sur le sort des nations, c'est à la faculté qu'il appartient d'en prévenir les mauvais effets, d'en examiner les symptômes, de les guérir si elle le peut.

Il n'en est pas ainsi des aberrations politiques. Si ce sont des hommes d'état qui en sont atteints; si ces hommes d'état ont des gens à gages pour propager leurs folles conceptions, les conséquences funestes d'une telle maladie peuvent être et sont souvent immenses. C'est alors aux écrivains politiques, qui sont les médecins naturels de ce genre de folie, qu'il appartient de

ramener doucement à la raison les maniaques, supposé qu'ils
le sont de bonne foi ; ou de signaler au public le danger de leurs
croyances subversives, dans le cas que c'est méchamment et à
dessein qu'ils feignent d'être malades. L'ellébore du raisonne-
ment, le fouet de la satire, l'aiguillon du ridicule et, toujours,
une critique judicieuse et lucide sont les remèdes puissans à
employer dans les deux suppositions dont nous venons de
parler.

Nous placerons bénignement dans la première de ces catégo-
ries la sécularisation des employés des légations de la Romagne :
idée creuse née, dit-on, de l'esprit de M. Casimir Périer, réalisée
et conduite au port par les soins officieux de M. de Saint-Aulaire.
Il faut ne pas avoir la plus petite connaissance du régime
intérieur des états de l'Église (si régime et lois il y a) ; il faut
complètement ignorer que le pouvoir temporel, sécularisé ou
non, et forcément soumis au spirituel, est de fait absolument
nul, pour donner de l'importance à ce *fameux* résultat des
menées de la diplomatie française : mais, à tout prendre, ceci
n'est que ridicule : les Romains ne s'en porteront ni mieux, ni
plus mal, et cette mesure n'aboutit à rien autre, pour eux, qu'à
avoir des légats, des prolégats et des fonctionnaires publics en
habits noirs ou bleus, au lieu de la simarre violette ou noire,
dont ils étaient recouverts autrefois.

C'est assez de cette question. Nous ne nous occuperons que
des amnisties promises ou promulguées par quelques-uns des
tyrans de l'Italie, dont les hommes d'état Français et les pro-
pagateurs de leurs idées font un si grand cas ; car, comme pour
ajouter l'inconséquence à une de ces dangereuses aberrations
d'esprit, les mêmes écrivains, qui ont entassé sophismes sur
sophismes et Pelion sur Ossa, pour tâcher de prouver l'impossi-
bilité « d'un trône populaire entouré d'institutions républi-
» caines ». s'extasient, s'émerveillent, poussent des cris d'admiration à l'annonce de ces *philanthropiques* amnisties, les
regardent comme les précurseurs de belles et solides institutions, voient en elles la perfection à venir, les constitutions,
la liberté, que sais-je ! peut-être un trône populaire entouré

d'institutions républicaines. Ces aberrations de l'esprit sont dangereuses; elles appartiennent à la seconde catégorie; et c'est pour en détourner les funestes conséquences, pour dire à nos compatriotes de prendre garde, que nous traçons ces lignes.

L'Autriche aussi a son amnistie toute prête. L'envoyé de Vienne à Paris fait souffler à l'oreille des Lombards émigrés d'aller le trouver; dit, à ceux qui ne sont pas compromis, de rentrer dans leurs foyers; conseille aux proscrits politiques de faire au préalable leur soumission, de rentrer aussi; après avoir donné sa parole d'ambassadeur d'Autriche, qu'ils ne seront point molestés; et puis bégaie le mot d'amnistie comme un avenir lointain, mais probable. Et cela, dans quel moment, je vous prie? Dans celui-là même où l'empereur François, au mépris d'une lettre autographe du roi des Français, fait condamner le général Zucchi, le fusille ou le plonge dans les souterrains du Spielberg (je ne sais laquelle de ces atrocités); dans celui où il donne son assentiment tacite aux assassinats juridiques du Duc de Modène; assassinats qu'il pourrait empêcher d'un signe de la main; dans le moment enfin où, pour forcer les Lombards à rentrer chez eux, ce prince s'approprie leurs biens; et, qu'en foulant aux pieds non seulement la justice et la morale, mais cette délicatesse, devoir des honnêtes gens envers le beau sexe, il met le séquestre sur toute l'immense fortune d'une femme jeune et vertueuse, la Princesse de Belgiojoso; et cela, afin de la contraindre à aller se faire juger, emprisonner, exécuter peut-être. Il reste malheureusement ici très-peu d'espoir de salut, car le représentant du gouvernement français à Vienne, a intercédé en faveur de cette dame.

Parlons de l'amnistie napolitaine maintenant. Cette mesure n'est pas aussi innocente que celle de la sécularisation des employés des légations; c'est le plus dangereux des pièges tendus aux malheureux qui auraient la bonne foi de s'y fier; l'échafaud et la guillotine sont cachés dans son sein.

Je demanderai d'abord ce que c'est qu'une amnistie dans un pays despotique, où celui qui la donne est maître absolu de

l'enfreindre à sa volonté ? Où sont les garanties de cette amnistie ? Qui tient la main à ce qu'elle soit observée ?... Mais parlons
de faits et de faits récens ; ils répondront mieux à la question
que nous voulons examiner.

Nous ne citerons que les plus marquans ; un ouvrage entier
ne suffirait pas à reproduire ces faits dans leur ensemble.

A Palerme, en 1821, et immédiatement après deux amnisties,
pleines et entières, promulguées par le roi Ferdinand; à Palerme,
dis-je, il y eut, à cette même époque, trois ou quatre proscrip-
tions de 30 à 40 individus à la fois. Les malheureux proscrits,
n'ayant d'autres méfaits à se reprocher, que ceux auxquels les
amnisties faisaient allusion, avaient beau se présenter au vice-
roi, ces mêmes amnisties à la main ; on leur imposait silence,
on leur disait que c'était insulter Sa Majesté, que de vouloir la
forcer à étendre malgré elle les actes de sa magnanimité et de
sa clémence; et puis on leur ordonnait de partir. Le chevalier
Giovanni d'Aceto, maintenant à Paris, est un de ces *amnistiés*
auxquels il n'a plus été permis de rentrer dans leur patrie.

Qui ne connait le nom, affreusement célèbre, de l'intendant
de la province de Cosenza, le scélérat de Mattei? Qui n'a pas lu
dans *le Constitutionnel* du 28, 29, 30 janvier, et du 1er février
1830, l'acte d'accusation porté contre ce monstre, auteur de
cette sanglante tragédie, qui eut la Calabre pour lieu de la
scène, trois victimes injustement égorgées, et 700 autres con-
damnées aux fers, pour catastrophe ? Nous ne ferons qu'esquisser
ces actrocités. La plume se refuse à en retracer tous les détails ;
et il serait trop long d'ailleurs de les reproduire en entier.

Quatre amnisties venaient d'être promulguées cette fois, aussi
pleines et entières que les autres, dans lesquelles étaient compris tous les individus compromis pour affaires et pour opinions
politiques , *senza eccezione veruna*. On ordonna aux autorités
civiles , militaires et judiciaires de leur donner toute la publi-
cité possible ; l'Église vint les sanctionner de la sainteté de
ses sermens. La dernière de ces amnisties était datée du mois
d'octobre 1822. A la fin du mois de novembre de la même
année, tous les compromis politiques qui se tenaient cachés,

et en armes, dans les forêts et dans les montagnes de la Calabre, s'y fièrent, répondirent à l'appel, rentrèrent dans leurs
foyers.

Quatre mois s'étaient à peine écoulés après cette dernière
promulgation, lorsque de Mattei, de concert avec trois ou
quatre scélérats ses pareils, sachant que le moyen le plus sûr
de parvenir, dans certains gouvernemens, est celui d'exploiter
les conspirations, en fit éclore une toute faite, écrivit aux ministres napolitains qu'il voulait sauver l'état; et les ministres
répondirent : « Sauvez l'état, et faites ce que vous voudrez. »

On vit alors, le dernier dimanche de carnaval de 1825, les
théâtres, les lieux publics, et plus particulièrement les maisons
de tous les amnistiés à Cosenza et à Catanzaro, cernés par les
soldats et par les sbires, tirant des coups de fusils aux fenêtres,
menaçant d'incendier ces maisons en cas de résistance : et,
comme je l'ai dit, 700 individus arrêtés, condamnés aux galères et aux fers, trois de ces malheureux, les nommés Giacinto
de Jesse, capitaine, Lo Monaco, capitaine, le lieutenant Di
Pasquale, exécutés, furent les moyens employés pour sauver
cet état!

De Mattei avait choisi lui-même les membres du tribunal
qui devait juger le procès, avait investi de la charge   procu-
reur du roi un certain d'Alessandro, autrefois voleu e grand
chemin, et associé à la fameuse bande des Vardarelli; il four-
nissait lui-même les pièces du procès, les cachetait, les déca-
chetait, les ajoutait au dossier, ou les en faisait disparaître selon
sa volonté. Ce n'est pas tout.

Des magistrats intègres eurent le courage de montrer à la
cour toute l'iniquité d'un pareil procès, et le gouvernement s'em-
pressa d'expédier une estafette à de Mattei, avec ordre de sus-
pendre les exécutions. Celui-ci, se doutant du contenu de la
dépêche, fit exécuter les victimes, ouvrit après la missive, et
écrivit aux ministres qu'elle était arrivée trop tard.

Je laisse au bourreau, ou à de Mattei lui-même, le soin de
décrire les tortures inouies employées pour forcer 120 témoins

à déposer ce qu'ils ne savaient pas, et comment et par qui furent assassinés quelques-uns de ces témoins qui, bourrelés de remords, voulurent faire des révélations, après l'évènement. On ne parla pas seulement de ces assassinats (1).

On ne pouvait pas cependant les assassiner tous. Plusieurs parlèrent, la vérité commença à percer; et, du tems du roi François, le mystère de cette œuvre infernale ayant été tout-à-fait dissipé, le de Mattei fut mis en jugement.

On assure que, se voyant prêt à expier ses épouvantables forfaits sur l'échafaud, ce démon a osé adresser une note *justificative* au corps diplomatique, dans laquelle, tout en convenant d'être l'auteur d'une conspiration qu'il avait forgée, il soutenait que le gouvernement napolitain lui avait de très-grandes obligations; car les victimes par lui immolées, étaient hostiles à ce même gouvernement; et que, de cette manière, il l'avait débarrassé de ses ennemis.

Quoi qu'il en soit de ce bruit, le roi François s'éloigna de Naples, et se mit à voyager pendant la durée de ce procès, comme pour dire au tribunal qu'il devait en agir selon les lois, et que de Mattei ne devait pas compter sur sa protection. — Ils se rendent quelquefois justice les despotes, ils savent bien qu'on les regarde comme les protecteurs naturels du crime. Bref, de Mattei eut cinq votes de mort, six pour les galères à vie. S. M. commua tout cela en dix années de prison, tandis que les victimes innocentes gémissent actuellement dans les fers !

Le roi régnant, Ferdinand II, a fait grâce a de Mattei dès son

(1) Tâchons pourtant de faire connaître à la France quelques gentillesses des agens de ces gouvernemens qu'elle vient de prendre sous sa protection. On attachait à ces témoins, je ne sais pas où, des cordes de violon dont les agens de police tenaient le bout, et qu'ils tiraient avec force à la moindre hésitation de ces mêmes témoins; ces malheureux avouaient alors tout ce qu'on voulait, vaincus par les tourmens affreux causés par ces tiraillemens

avènement au trône; et il vient, dit-on, de le réhabiliter dans ses emplois. Et c'est ce même roi qui donne l'amnistie!

Il y a eu en Romagne des amnisties, dont les détails sont aussi dégoûtans et aussi barbares que ceux de l'amnistie napolitaine. Nous ne parlons que de celle-ci, car nous en connaisons mieux les particularités.

Heu! fuge crudeles terras, fuge litus avarum!

FIN.